EL SÍNDROME

QUIZ

CUANDO CUESTIONAR, INVESTIGAR Y SABER TODO ES FUNDAMENTAL

GABRIEL SOBERANIS

Twitter: @soyelflamer

https://flameandolaverdad.wordpress.com/

HECHO EN MÉXICO

"En ocasiones (muy pocas) quisiera que mi mente se apagara definitivamente; que mi única preocupación fuera por ser el primero en retuitear la noticia del momento; sin razonarla, cuestionarla, analizarla e investigarla. Vivir en la peligrosa, pero cándida ignominia de la ignorancia".

Gabriel Soberanis

INDICE

Prologo

Desde mi posición, busqué sin éxito alguno encontrar cualquier tipo de material que existiera sobre un tipo de condición similar; si bien pude encontrar características aisladas en algunas condiciones particulares (síndromes y trastornos), no he podido encontrar nada que englobe lo que considero es realmente una condición "especial".

Yo siempre me he encontrado en desacuerdo con la palabra "único", ya que presupone algo que solo se puede encontrar una vez y la verdad dudo (o quiero pensar), que esto afecta a muchas personas y no solamente a una.

Después de muchos años de observación y análisis, al fin puedo decir que si bien no son muchas las personas que "comparten" esta condición, estas son reales y caminan entre nosotros, lo único que aún no es posible determinar es el grado de esta.

Desde el primer momento que puse la pluma en el papel, supe lo que esto desencadenaría; sabía que a partir de este momento las cosas jamás podrían ser iguales. Sin embargo, también sabía que era necesario manifestarlo para indicar la existencia de ellos, de "nosotros".

Capítulo I

¿Qué es un "Quiz"?

Literalmente cuando nos referimos a un *"quiz"* hablamos de un *"test de conocimiento"*; esta es la definición que yo he utilizado para una condición que como había comentado anteriormente, por lo menos hasta el momento no se ha definido ni se puede englobar en otro tipo.

Su complejidad radica en que no es fácil de evaluar o cuantificar; las pruebas comunes de inteligencia y aptitud no pueden servir como parámetro, ya que la persona "quiz", no está relacionada directamente a una inteligencia muy por encima de la media o con aptitudes elevadas que puedan distinguirlo de las demás personas; es indudable que alguna "particularidad" podrá ser notada a través de alguna de las pruebas existentes, pero tal es su complejidad, que aun nadie ha buscado definir a este tipo de personas. Hasta el momento solamente la observación meticulosa y la interacción diaria con estas puede revelar si existe esta condición o no, y a nivel personal, solamente el autoconocimiento de muchos años puede revelar si se es o no un quiz.

Pero... ¿Qué es una persona con Síndrome Quiz? Creo que la forma más simple de explicarlo (antes de pasar a las más complicadas), sería de la siguiente manera: *Una persona que sufre de Síndrome Quiz, no puede "apagar su mente"*. Así es, los quiz ven imposible dejar de pensar; cuestionan todo y todo lo investigan, dudan y vuelven a investigar, quieren saber de todo, viven en un "interminable test".

¿Qué? ¿Porque? ¿De qué? No importa, en cuanto llega a sus sentidos, se convierte en una necesidad "por lo menos", aprender un poco de ese tema. Crean incontables carpetas mentales con temas a investigar y aprender, no pueden dejar de hacerlo; escuchar y observar despierta su curiosidad de saber; en ocasiones o en casos muy extremos, su conciencia puede perderse en la interminable cantidad de información que añade el quiz a cada momento. El quiz no se puede decir que sea una persona desequilibrada o "loca", ya que sus habilidades sociales y sus procesos de pensamiento no suelen ser erráticos. Las personas con "quiz", no sienten curiosidad de saber, es su necesidad, es su "obligación".

En este momento, no dudo que muchos de ustedes ya se hayan colocado la "banderita" que los marque como un quiz (ojalá y así fuera, porque entonces seriamos muchos más y esto sería más fácil), pero antes que se suban a ese barco permítanme desilusionarlos un poco. Una persona con quiz, no puede dejar algo sin investigar o corroborar, hacerlo sería como traer una piedra en el zapato o una comezón sin alivio.

Para las personas con síndrome quiz, su existencia es una cadena de interminables conocimientos a cerca de cualquier tema que cruce frente a él, siendo en casos simples una investigación superficial de algunas horas, hasta una obsesión que lo puede llevar a crear estudios completos y elaborados.

Para las personas quiz, el conocimiento es el principio fundamental y no dejan un tema sin abordar, sin embargo como cualquier humano, tienden a tener sus temas favoritos; es por eso que es tan difícil poder diagnosticar una condición así, ya que por lo general, el quiz no deja de abarcar e investigar y trata de saber lo más posible de todo lo que va aprendiendo

4

diariamente, es en este punto donde conceptos erróneos sobre ellos nacen, tales como las palabras *"sabelotodo"* o *"soberbia"*.

Es en este punto donde muchas dudas o confusiones nacen por parte de las personas que buscan cuestionar la existencia de las personas quiz, si son tan inteligentes... ¿Porque no son genios? La verdad no es muy difícil de encontrar, y radica en el simple hecho de que las personas que preguntan eso, no saben diferenciar entre una naranja y una toronja; que ambos sean cítricos, no los hace la misma fruta. Para las personas con quiz, los términos con los que son relacionados son completamente alejados a su verdad, ya que un verdadero quiz no cree saberlo todo, entiende claramente que hay demasiado por aprender, lo que puede convertirse en un viaje interminable de aprendizaje o una obsesión por no poder aprender más en un menor tiempo.

El segundo malentendido, radica en creer que una persona quiz deba ser un genio; eso es casi imposible, no solamente para un quiz, sino para la gran mayoría de la humanidad. Después de mucho analizarlo, creo firmemente en que solamente una persona en la historia de la humanidad pudo reunir ambas características, tener síndrome quiz y ser un genio, él fue **"Leonardo Da Vinci"** y nunca ha existido otro como él. Existen grandes genios, personas extraordinarias que han cambiado al mundo con su pensamiento, pero que definitivamente no pueden cabalmente ser "quiz" al mismo tiempo, ¿Porqué? Porque su mente y su pensamiento deben estar siempre enfocados al área de su trabajo, sin "ruido", sin distracciones. ¡Y qué bien! Porque de otra manera su conocimiento se hubiera desperdiciado y los "regalos" que han dado al mundo no hubieran existido; solamente en algunos casos y con temas que van muy relacionados con su especialidad, es que estos genios pueden diversificar su pensamiento.

Completamente diferente es la mente de una persona quiz, esta debe abarcar... TODO, y no puede detenerse en un solo rubro, obviamente destacará más en áreas en las que su cerebro se sienta más cómodo, pero eso no significará no querrá saber de todos los conocimientos existentes; un ejemplo claro podría ser el de una persona quiz poco dotada para las habilidades manuales o los grandes esfuerzos físicos; esto no impedirá que esta no aprenda de mecánica o la correcta manera de realizar ejercicio e intentará aplicar estos conocimientos dentro de sus propias limitaciones.

Es por razones como estas, que veo muy complicado que se pueda diagnosticar a una persona con síndrome quiz con las herramientas existentes, pero que no dudo a partir de este trabajo, se puedan adaptar, modificar o crea nuevas para poder encontrar esta condición en las personas.

Como podrán ver y con lo explicado hasta ahora, las personas quiz, lucen como seres humanos "raros" y gente antisocial que solamente viven obsesionadas con esa infinita e interminable búsqueda de conocimiento. En cierto modo esto es real y se manifiesta de forma completa con la convivencia constante con este tipo de personas; sin embargo gracias a las habilidades sociales desarrollas por los quiz, es difícil que a simple vista o con el poco trato se puedan reconocer; es de esta manera que solamente a través de una situación "extrema", como la de que alguna discusión se tornara insoportable o ridículamente sin sentido, es que la persona quiz reaccione en toda su "plenitud" (literalmente, que "reviente").

Si bien se podría decir que la principal característica de las personas con síndrome quiz es la de querer aprender por encima de todo y todo el tiempo; he recopilado algunos otros puntos que he visto van ligados en menor o mayor medida a estas personas.

Por la naturaleza de sus conocimientos, es muy probable que las personas quiz creen pláticas complejas, que involucren desde la información más reciente hasta sus orígenes más antiguos; es sumamente complicado que un quiz solamente hable de los eventos recientes o más bien de lo más "novedoso" de un tema.

Por la característica anterior, es natural que la personalidad, gustos y algunas actitudes de las personas quiz estén impregnadas de una mescolanza de nuevas tendencias con toques sumamente antiguos o de poco uso en la actualidad; por ponerme de ejemplo, a pesar de la existencia, tolerancia y hasta indolencia del muy aceptado "lenguaje digital", me es imposible escribir mutilando las palabras, evitando los acentos o cambiando unas palabras por otras que hoy son usadas de forma regular; el argumento de una "vida" dinámica y sin tiempo lo considero una práctica propia de la ignorancia o la pereza y mi comprobación hacia este punto es, (y les invito a que ustedes mismos lo comprueben) ¿Cuantos estudiantes de nivel universitario o posgrados no saben escribir correctamente? Si solamente fuera un "atajo" al momento de estarse desarrollando en las redes sociales, ¿No serían capaces de hacerlo de la manera adecuada dependiendo la situación?

Igualmente se podrá ver este tipo de integración entre lo "nuevo" y lo "viejo" en cosas tales como: las manifestaciones artísticas, vestimenta y temáticas en las que navegan los quiz. Nuevamente las malinterpretaciones y los conceptos errados como *"esnob"* o *"elitista* "comenzaran a aparecer.

Las personas con síndrome quiz desarrollan algo que considero una virtud y que siempre permeará a los que los rodean; contrariamente a la idea que podrían tener, el quiz no vive en las nubes, si bien siempre está pensado y analizando, también está pendiente y atento ante cualquier conversación, plática o discusión; él sabe que en cualquier detalle puede existir una enseñanza o un punto a debatir. Es por eso que aquellos que convivan con una persona quiz pueden estar seguros que, para bien o para mal el recordará lo que le dijeron.

En la mayoría de los casos, las personas quiz suelen ser de actitud relajada y sencilla y la razón de esto no radica en un "alma" o "corazón" noble. Simplemente es el reflejo de su verdadera esencia y sus prioridades. La actitud que la mayoría adopta ante los quiz, de juzgarlos como personas "soberbias" por su forma de expresarse y conducirse, es para una persona quiz una "aburrición", un "hartazgo" que interrumpe su accionar o desarrollo. Buscar demasiadas explicaciones o la confrontación sin sentido, son una pérdida de tiempo, igualmente que lo será el mantener una "pose" o una fachada que ocupe su tiempo y que es usualmente lo que hacen el tipo de personas que viven para la presunción. Es por eso que si llegan a encontrarse con un quiz demasiado "estilizado" o "refinado" ¡Créanlo! Es autentico, e igualmente, cuando conozcan uno demasiado sencillo y relajado, no es por "bondad", sino por una cuestión "práctica".

Capítulo 2

Las Personas Quiz y la Sociedad

Como lo comenté al principio, yo sabía lo que pasaría en el momento en el que decidiera escribir este libro; sin invocar demasiado al espíritu de *"Frankenstein"*, era obvio que jamás podrán ser vistas de la misma manera todas las personas que a partir de la publicación de este libro comiencen a entrar en la definición de personas con síndrome quiz; la indiferencia, el odio, la burla, la incredulidad, la mezquindad, la envidia, el rechazo, entre otras "linduras", se manifestaran y aumentarán con el "permiso" que da un documento que expone por primera vez una situación como esta; afortunadamente para la mayoría de las personas quiz sé que esta situación será una de esas pequeñeces ridículas en las que no vale la pena detenerse.

En alguna ocasión, alguien me preguntó porque no cambiaba mi forma de ser; porque no dejaba de cuestionar y porque no era más como "los demás", que eso me atraería un "montón" de nuevos amigos y "todos" me aceptarían. Lo único que puedo responder ante esto es *"¿Porque no te cambias el color de los ojos, el tono de piel, el color de tu cabello, tu forma de vestir, porque no te haces una cirugía estética, etc?"*. Blandir este tipo de argumentos ante un quiz, es tal vez uno de los ridículos más grandes que pueden hacerse, y no por el hecho mismo del argumento, sino por su verdadero significado; no se trata de esta condición o alguna otra, es simplemente que la gente se siente "incomoda" ante algo que los sobrepasa.

La sociedad en general y las personas con síndrome quiz, suelen tener una relación cordial, amistosa y en la mayoría de los casos... **CORTA**. Mientras que el actuar del quiz sea "simpático y ligero" todo será "miel sobre hojuelas"; pero todo esto suele acabarse cuando se cuestiona al artista de moda, la noticia más compartida en las redes sociales, al trending topic del día o al más popular del lugar; cuestionar a estos "quasi dioses", es un pecado mortal que nadie debe cometer; el espíritu borreguil de la sociedad se siente ofendido y lastimado por cualquiera que tenga algo diferente que decir, y en alguna ocasión sucederá y lo más seguro es que sea por una persona quiz.

Tal vez lo más "gracioso" (por no decir patético), es el falso valor que adquieren muchos de los detractores y agresores de los quiz; estos pueden "cambiar", destruir y reconstruir el mundo, ser revolucionaros e idealistas cuando se encuentran detrás de sus smartphones y protegidos por sus redes sociales, pero pasan a ser una nulidad y sentirse ofendidos cuando frontalmente se les cuestiona o se les pide que le den validez a sus argumentos (o peor aún, a los argumentos de terceros que parecen valer más que los propios).

A través de los años, he acuñado 2 frases que de cierto modo han definido parte de como soy como "persona quiz" (sé que otras personas quiz tendrán las suyas), y el grado de quiz que soy, estas son: *"No hay virtud en la Ignorancia"* y *"La ignorancia es temeraria"*.

La primera frase me hace recordar, que hay 2 tipos de personas; las que no saben y no desean saber, pero actúan como si supieran y quisieran saber, y las que no saben, pero quieren saber. El primer tipo de personas son

10

literalmente una advertencia de un insulso y pobre camino hacia... **LA NADA**. Es entender que cualquier interacción con este tipo de personas, desembocará en la más tediosa y poco estimulante relación y que una persona quiz la continúe o no, ya será una decisión con las consecuencias ya mencionadas.

Sin embargo, para "suerte" del quiz, el segundo tipo de personas, llega a ser como un "bálsamo"; las personas quiz saben, entienden y se sienten bien con el hecho de saber que están en una búsqueda interminable del conocimiento, por eso, el día en que creyera que ha llegado al pináculo de ese conocimiento o más grave aún, que nada ni nadie le puede enseñar nada más, ese día habría dejado de ser quiz; es por esa razón que cuando las personas quiz interactúan con personas que no "saben" pero siempre quieren saber, esto es un gran descubrimiento, ya que esta, es tal vez, una de las mejores oportunidades para interactuar, aprender y buscar el crecimiento de ambos; en ocasiones (muchas más de las que me gustaría), las conversaciones se verán sobrepasadas, por la natural, velocidad, cantidad de conocimientos, las divagaciones, la... ¡LOCURA! De los procesos mentales de la persona quiz y que en gran parte de los casos puede "perder" a las personas que interactúan con ellos, pero eso no significará que el quiz no aprecie el esfuerzo impuesto para "soportarlo".

La otra frase, *"La Ignorancia es Temeraria"*; tal vez es mucho más drástica, más "obscura", y en cierto modo "marca" a un tipo de personas de las cuales debe tratar de alejarse y no tener relación con ellas las persona con síndrome quiz; porque a pesar de lo que muchos podrían pensar, las personas quiz no buscan por naturaleza el conflicto.

Para muchos quiz, uno de los mayores retos con los que se enfrenta diariamente, radica en convivir o más bien "soportar" a las personas que en una falsa y autogenerada creencia de conocimiento, van por la vida: "educando", "instruyendo" y aseverando cosas que ante la luz de la investigación, la razón o simplemente del sentido común, no son reales. En este punto, quiero detenerme un segundo para asegurarles algo; es sumamente difícil para una persona quiz asegurar algo de lo cual no haya investigado y corroborado, esto sucede porque aun después haber desglosado los temas en cuestión, aún existe margen para seguir dudando e investigando; ir por la vida "lanzando" verdades a medias o mentiras "creíbles" es para las personas con síndrome quiz, una práctica estúpida y "riesgosa".

Este tipo de personas creen tener la verdad absoluta (lo que muchos malamente suponen que los quiz creen también), tratan y suelen hablar de todo, de integrarse a cualquier conversación; creen que repetir las noticias de las redes sociales, retuitear cualquier información sin corroborarla o estar dentro de los trending topics del día, es un conocimiento real e irrefutable, esto por la tonta y falsa creencia del que "si todos lo dicen debe ser verdad" y ellos no desean nunca ser excluidos de esas masas adormecidas y sin criterio. Nunca cuestionan, dudan ni investigan, suelen creer ciegamente en lo que dicen sus modelos a seguir, el estudio más popular o de moda (aunque a la semana sea completamente derribado por uno con resultados totalmente contrarios), las personas públicas o las que tienen más seguidores, viven creyendo que este tipo de sobreexposición mediática da algún tipo de "poder divino" sobre el conocimiento.

Este tipo de personas se sienten seguros de lo que "saben" si sus grupos cercanos, sus redes sociales o sus seguidores creen lo mismo que ellos o les dan aprobación a su "conocimiento" (ciegos guiando ciegos); en la mayoría de los casos son personas prepotentes o con falsa humildad, que creen que por tener un cierto nivel socioeconómico, algún tipo de estudio superior o posgrado (recuerden lo que les mencione de estos mismos que ni siquiera saben escribir correctamente), ser populares o hasta famosos, creen que el conocimiento viene por añadidura, que este tipo de condiciones les dará sapiencia sin hacer nada más.

Todo esto les dará la soberbia y confianza de expeler cualquier idiotez y defenderla como si fuera una verdad fundamental; es por eso que es recomendable para cualquier persona con síndrome quiz evitar la interacción y relación con este tipo de personas, ya que esto sería como tratar de hablar con las piedras, y seguramente estas sería más fácil que hablaran y tuvieran más razón.

Algo muy importante y que parece permear a muchos de estos individuos, es que la mayoría de ellos se sienten "ofendidos" ante las personas quiz, es como si algo les "doliera" de estar con ellos, con estas personas que solamente desean saber y que no les importa "fastidiar" a nadie, no como estas personas que creen y casi aseguran todo sin verdaderos o muy pocos fundamentos; estas personas buscan cualquier oportunidad para intentar humillar a los quiz, usando datos demasiado rebuscados o conocimientos demasiado específicos (generalmente de su área de trabajo), para demostrar su "superioridad" intelectual.

Lamentablemente para estos "pequeños" seres, sus intentos mezquinos de sobajamiento no son realmente importantes para las personas con síndrome quiz; la razón es bastante sencilla y ya explicada con anterioridad **"¡LOS QUIZ NUNCA HAN DICHO QUE LO SABEN TODO!"**, eso es lo que creen y presuponen la mayoría de las personas que conviven o se cruzan con personas quiz.

Es de esta manera que la persona con síndrome quiz debe navegar dentro de una sociedad que rara vez lo entiende, lo conoce por su comportamiento, pero definitivamente no lo entiende. Las personas quiz, tienen sus propios ritmos y procesos de pensamiento, suelen gustar de demasiadas cosas y por diferentes razones a las de la mayoría de las personas, y tal vez esta es la razón por la que muchas personas "normales" buscan "meterlos" en sus gustos y formas de pensar; quieren volverlo parte de una sociedad masificada, ubicarlo dentro de un nicho más "cómodo" más "inteligible", uno donde no se sientan excluidos y hasta ofendidos. Tal vez lo más triste de esto (por lo menos para una persona quiz), es ver estos grandes esfuerzos que hacen los grupos sociales por volver al quiz uno de "ellos", y en lugar de eso no tratar de ser un poco más "curiosos" y buscar algo más de conocimiento, tal y como lo dije *En la Ignorancia no hay Virtud".

Por lo general, las personas quiz podrán desarrollarse de manera normal a exitosa dentro de los diferentes entornos sociales, exceptuando casos extremos y poco saludable donde el quiz vea en el aislamiento la mejor opción ante la poca o nula estimulación por parte de su entorno; el mayor problema surgirá cuando los conocimientos se vuelvan repetitivos y monótonos, y los mismos temas aparezcan una y otra vez volviéndose cotidianos, algo que sucede en la mayoría de las ocasiones. Ante esto y a partir de este momento la palabra favorita de la sociedad ante este comportamiento de hastío y aburrición por parte del quiz será *"SOBERBIA".*

Si el quiz no tuviera ese atrevimiento natural que lo lleva a ser casi "rebelde", fácilmente podría caer en un caso de acoso (*bullying*) por parte de la sociedad. Sin embargo, las relaciones interpersonales y más íntimas con las personas quiz, suelen contener otros factores además de los ya vistos, pero eso lo veremos más adelante.

En este punto, no dudo que muchas personas que estén leyendo esto se encuentren despotricando sobre lo que he denominado "síndrome quiz", diciendo que no es real, que es una payasada (o peor), que es un desorden mental con algún nombre específico (lo que ayudaría mucho, porque hasta este momento no he podido encontrar ninguno que sea parecido o contenga todas las características), tristemente para los enojados y los quiz, esto hasta donde estas líneas se están escribiendo, es real.

Yo quisiera ser el primero en refutar este término, esta idea; quisiera poder literalmente "apagar" mi mente, no querer saber de nada más, que nada me causara interés o que ante la mínima provocación quiera buscar información de algo. Quisiera no cuestionar de primera mano todo y tener la necesidad de corroborarlo, poder ir a dormir sin que cientos de ideas e investigaciones pendientes deambulen en mi mente hasta el agotamiento, olvidar la pluma y el papel para que no se me pase revisar las dudas que nacen a mitad de la noche, dejar de rebatir a las personas cuando claramente están diciendo algo erróneo, y solamente asentar con la cabeza y dejar la duda en el aire como hacen la mayoría con tal de ser "amables" y "amistosos".

Puedo asegurarles que, antes de siquiera crear este término o pensar en escribir este libro, dedique demasiado tiempo, años en la búsqueda de personas con mis mismas características, tal como lo sería el último dinosaurio en la tierra o *"El Último de los Mohicanos"* (por lo menos el de la novela); salte de síndrome en síndrome y de estudio en estudio, pasando por diferentes tipos de autismo, Asperger, el trastorno obsesivo-compulsivo (TOC), esquizofrenia, etc., etc., pero lamentablemente ninguno encapsulaba todas estas características juntas; fue esta falta de información o parcialidad de características en otros síndromes o "males", lo que me llevó a compilar todas estas "cualidades" que más adelante engendrarían el concepto de "síndrome quiz".

Lo comenté en un principio, la palabra "único" es sumamente peligrosa para mí; el hecho de creer que solamente existe una sola cosa de algo, es demasiado para un universo tan extenso, y el aislamiento que implica esta palabra también lo es.

Es por eso que dediqué demasiado en la búsqueda de esas personas que pudieran ser quiz y así evitar ese concepto absolutista de lo "único"; fue solo en años recientes y afortunadamente, que puede encontrar en diferentes medios sociales, personas que entraban dentro de los parámetros de lo que es una persona quiz. Es de esa manera y después de mucho meditarlo que decidí abrir esta *"caja de Pandora"*, sabiendo lo que ocurrirá eventualmente.

En la actualidad, sigo buscando información que me indique que existen antecedentes sobre lo que he llamado síndrome quiz y aún no los he encontrado, pero sé que de ahora en adelante comenzarán a aparecer.

Capítulo 3

El Niño Quiz

La parte más complicada que me encontré (y sigo encontrando) sobre las personas con síndrome quiz, fue la de tratar de encontrar "niños quiz"; en la actualidad con términos como *"Niños Índigo"* o *"Niños Superdotados"*, la tarea no es nada fácil.

A pesar de que ese tipo de niños han sido bien definidos, lo cierto es que es bastante engañoso; ya que en el caso de los superdotados, si uno mira bien, no difieren demasiado de cualquier niño normal (la mayoría son hiperactivos, sumamente curiosos, son creativos y siempre se acuerdan de todo; todo esto obviamente mientras sean bien estimulados), y en el caso de los índigo... Bueno... Eso pertenece más al rubro de *"La Dimensión Desconocida"*.

Al igual que con los adultos, el niño quiz no está unido a características específicas como un coeficiente intelectual alto o a una capacidad mayor en alguna materia. Fue después de mucho análisis que encontré algunos puntos que podrían dar un poco de luz al camino para encontrar a lo que podemos llamar un "niño quiz"; una poderosa y casi "catatónica" actitud de observación, indicaría la clara necesidad de estos niños por saber sobre todo lo que están observando, viven "analizando" desde su nulo o casi nulo conocimiento la "solución" o respuesta a todo aquello que observan. Casi en tono de broma, la repetición de palabra *"¿Porqué?"* se volverá un "mantra" para este tipo de niños, solamente con la diferencia con los niños "normales" de que, aquellos con síndrome quiz buscarán dentro de sus limitaciones preguntar por cosas en específico (Porque "esto", porque "aquello", y no solamente "¿Porqué?"), y no pararan de preguntar hasta que en lo que respecta a ellos, su duda haya sido saciada.

Algo de lo que hay que estar muy atento con estos niños, es la actitud que toman ante la poca estimulación, ya que al igual que con su contraparte adulta, estos se aislaran naturalmente ante la falta de conocimiento o quien se lo pueda proporcionar; lo que puede llegar a ser interpretado como aburrimiento o peor aún, tristeza y depresión. En este punto, es muy difícil el poder ayudar a un niño quiz, más cuando el entorno social del niño no puede cubrir su "hambre", su necesidad de conocimiento, ya que este a diferencia del adulto quiz, no puede investigar por si solo todas las cosas que le interesan.

El niño quiz, a diferencia de lo que muchos podrían pensar, no suele hablar demasiado, ya que esto presupone que sabe lo que dice y en su condición de aprendizaje, esto es muy básico; por lo general buscará señalar o referir a objetos ya conocidos cuando busque saber algo nuevo o expresar una idea la cual aún no conoce con palabras.

Algo que he encontrado al observar niños que parecen tener síndrome quiz, es el hecho fascinante de cómo estos conceptualizan los estímulos y los conocimientos nuevos; por poner un ejemplo, a diferencia de los demás niños que ante una pieza musical comienzan a moverse o bailar, el niño quiz primero tratará de "entender" lo que escucha, saber si le agrada y después de eso tal vez comenzará a moverse; igualmente esto sucederá ante los estímulos visuales, los cuales suelen sorprender a la mayoría de los niños "normales" de inmediato. En el caso de los conceptos nuevos, no duden que ante una respuesta dudosa o que no satisfaga completamente al

18

niño quiz, este muestre su descontento o incredulidad, esto más por el hecho de su poderoso nivel de observación en las expresiones faciales dubitativas que por sus escasos conocimientos.

Como vemos hasta aquí, si ya es complicado de por si el diagnosticar a un niño superdotado, lo es aún más a uno con síndrome quiz; son en las pequeñas pero importantes actitudes de estos, que es posible identificarlos. Ahora bien, ¿Cuál es la gran dificultad que uno se encontrará ante un niño quiz? **El CONOCIMIENTO.** Como ya lo he mencionado, un adulto quiz es capaz de buscar su propio "alimento", analizar, investigar y corroborar depende de ellos, pero en lo referente a los niños quiz, ellos solamente pueden CUESTIONAR. ¿Qué tipo de sociedad y adultos necesita un niño quiz? De todo tipo, con el conocimiento suficiente para "saturar" a estos niños, algo que es complicado porque, al igual que con los adultos quiz, estos niños siempre querrán saber más.

Ahora, creo que mi mayor inquietud con los niños con síndrome quiz, no es como lo puede estimular su entorno cercano, sino el entorno en el que se va a desarrollar y que comprende escuelas, maestros y compañeros o amigos.

En lo referente a sus maestros o educadores, el niño quiz se encuentra completamente perdido, ya que entre los esquemas escolares, la falta de verdadero conocimiento de los docentes y la gran cantidad de niños a los que deben atender los maestros; el niño quiz solamente pasará a ser una estadística más dentro del desempeño escolar; es muy probable que ante la falta de respuestas comience a divagar en los cientos de preguntas que lo invaden, dejando a estos niños en una completa ensoñación o "trance", que pronto se verá reprimida con regaños y con términos incorrectos y desagradables como el *"déficit de atención"*. Es de esta manera que una gran paradoja se presenta ante los niños quiz, los cuales anhelan ante todo respuestas a una infinidad de preguntas, mientras son acusados de todo lo contrario; flojos, faltos de atención y sobre todo "ignorantes".

Por parte de las escuelas, y por la naturaleza de las mismas; es muy difícil pedirles que sean para o se amolden a los niños quiz, ya que en la actualidad, su principal objetivo no es el de llegar al conocimiento y la sapiencia; solamente es el aplicar planes de estudio, completar objetivos curriculares, en muchos casos cobrar grandes sumas de dinero y ofrecer el *"statu quo"* dependiendo la institución educativa seleccionada.

Ciertamente y a pesar de todos los "vicios", pérdida de esencia e increíble avaricia, no se le puede pedir demasiado a las instituciones educativas actuales en lo referente a los niños con síndrome quiz; los "peculiares" procesos de pensamiento, las necesidades específicas de conocimiento, así como la cantidad y rubros distintos entre cada niño quiz, hacen casi imposible que este se pueda desarrollar a plenitud y que con esto alcance su potencial máximo. El intentar o simplemente intentar cambiar esto, derrumbaría las estructuras actuales en las que se basa la educación hoy en día (que en muchas formas sería positivo); sin embargo, la actitud restrictiva y punitiva de estas estructuras escolares, solamente dejarán una historia de bajo y errático desempeño escolar entre los niños quiz y un marcado y fuerte desencanto en lo que debería ser, al contrario, la fuente fundamental del conocimiento y formación de estos niños.

Por último, entre los compañeros y "amigos" de los niños con síndrome quiz, la expectativa resulta ser igualmente desalentadora; ante un mar de ignorancia compartida, es obvio que los niños quiz no encuentren respuestas a sus preguntas, algo que en el adulto quiz también es sumamente complicado, pero que en este, por lo menos siempre existe la capacidad de selección y depuración de la información, algo imposible en los estados primarios de estos niños y jóvenes.

Con estos antecedentes, es obvio imaginar al niño quiz como un "rechazado" social o más bien se podría decir como un "autorechazado", ya que al no encontrar lógicamente respuestas a sus cuestionamientos, o toparse con burlas o simplemente más dudas, su actitud puede llegar a tornarse aislada y meditabunda, buscando respuestas solamente con la observación y el análisis al aire y lo que puedan *"cachar al vuelo"*.

En el mejor de los casos y ante la creciente agresividad y violencia dentro de los círculos sociales infantiles, la mejor alternativa para los niños quiz, es la de encontrar un punto de convergencia con los demás niños, encontrar ese "tema en común" en el que puedan intentar convivir, aunque, aplicando las mismas características que con el adulto quiz, esto puede resultar solamente parcialmente exitoso debido a la concepción que las personas quiz tienen de la mayoría de los temas y que casi siempre difiere del común de las personas.

Es de esta manera y como un ejemplo vago, el de los niños que comparten la afición por alguna animación; puede ser que mientras la mayoría disfruta de la "acción", el movimiento o los personajes, el niño quiz aprecie la mezcla de colores, la "trama", los trazos de los dibujos y tal vez hasta la música, haciendo lo que las personas con síndrome quiz hacen mejor, desglosar y analizar todo lo que entra en contacto con ellos.

Este tipo de actitudes, es lo que llevará a los niños quiz al éxito relativamente moderado o al fracaso en sus primeras relaciones sociales, ya que, aunque encuentren un punto en común, la percepción del mismo suele ser muy diferente.

¿Qué hacer entonces en estos casos? Tristemente la única respuesta que he encontrado radica en la casa, en una casa que debería estar preparada para un niño quiz y que casi en la totalidad de los casos no es así (esperando que a partir de la salida de este trabajo, todo esto cambie); un alto nivel de estimulación y comprensión por parte de los familiares de los niños quiz será vital para enfrentar el ambiente hostil que encontrará a partir de la interacción con otros niños que obviamente no están (aunque deberían estarlo), educados en el respeto y la comprensión a las diferencias, y no solamente hacia los niños quiz, sino a cualquier ser humano.

No bastando esto, la dificultad aumenta cuando pensamos que los temas de "niños", son solamente eso para los adultos, y su importancia es nula o casi nula para ellos; la mayoría de las respuestas ante estos temas infantiles "sin importancia" suelen ser en el mejor de los casos una verborrea repetitiva de "¿Sí?", "¿Aja?", "¿En serio?", "¡Ah, que lindo!", etc. Esto tal vez sea suficiente para una buena cantidad de niños, pero casi nunca para un niño con síndrome quiz que necesita verdaderas respuestas.

Viendo estos antecedentes, el panorama para los niños con síndrome quiz no resulta nada alentador, y la verdad no lo es. En una sociedad poco preparada para la gente diferente o con ciertas "particularidades" el

22

desarrollo óptimo de un niño quiz es altamente cuestionable y nuevamente confío en la alta propagación y difusión de este trabajo para que esto cambie; nuevamente no solo para beneficio de las personas con síndrome quiz, sino para casi cualquier ser humano y sus diferencias.

Capítulo 4

La Personas Quiz, La Familia, Círculos Cercanos y Pareja

Ser una persona con síndrome quiz en ocasiones no es nada sencillo, más por el hecho de que la gente hasta el día de hoy no sabe lo que es eso; es difícil de explicar y esa fue una de las principales razones para escribir este libro, crear el precedente y la declaratoria de existencia de este tipo de personas y que se comience a entender e integrarlos de manera correcta dentro de otros entornos sociales. Fuera de eso, es necesario mencionar que tampoco es nada sencillo para las personas "normales" convivir con las personas quiz, más aun si pertenecen a su familia o círculos cercanos; sabiendo esto y antes de continuar, no queda sino felicitar en lo que cabe a todas los familiares y personas cercanas que tienen que interactuar con los quiz (lo quieran o no), ya que se bien es una tarea bastante complicada.

A diferencia de la sociedad común; las personas que crean vínculos cercanos con una persona con síndrome quiz tienen que ser mucho más pacientes, mucho más "cautelosas". Algo que da la familiaridad de los "amigos" y propiamente dicho LA FAMILIA, es la falta de "distancia", la falta de "prudencia"; esa barrera invisible que existe cuando aún la confianza no se ha desarrollado y que en ocasiones es exagerada aun dentro de los círculos familiares, eso para los quiz, es algo sumamente delicado.

Aunque aún sigan sin creerlo, el quiz dista mucho de la soberbia y la prepotencia; sin embargo el cúmulo de conocimientos, la velocidad y a veces complejidad con la que los manejan, claramente pueden llegar a confundirse con las actitudes indeseable antes mencionadas. También es necesario entender que las personas con síndrome quiz, siguen siendo humanos, con sus sentimientos y caracteres específicos; es por eso que varios de ellos se verán molestos ante actitudes como la incredulidad, la mofa, la indiferencia o simplemente la estupidez cuando se encuentran tratando de entablar una conversación "seria" o con fines de interacción y estimulación; actitudes que son muy comunes entre familiares y "amigos" cercanos.

Las personas quiz buscan en la intimidad y en los círculos cercanos el mayor desarrollo posible, confían en estos espacios para llevar sus disertaciones y divagaciones a los puntos que son casi imposibles obtener en el "ruido" del ámbito cotidiano; esta tal vez sea la razón por la cual parece más antisocial "adentro" que "afuera".

En lo personal, puedo entender perfectamente como la actitud de una persona con síndrome quiz afecta a su círculo íntimo, pero también sé que hasta este momento no ha existido material para poder entender los procesos de pensamiento y el desarrollo de estas personas. El quiz nunca puede dejar de cuestionarse, pensar e investigar, y es en estos medios "íntimos" donde el cree muchas veces podrá casi literalmente "explotar" sus pensamientos e ideas; es por eso que no es concebible para él la falta de estimulación y a veces comprensión en estos lugares, es como recibir el mensaje de *"NI AQUÍ, NI EN NINGUN LADO PUEDES SER QUIZ"*. En donde las condiciones lo hacen posible, es común que las personas quiz creen "santuarios", lugares aislados y perfectos para buscar las respuestas que en cada momento y a toda hora están persiguiendo; tristemente, la

26

persona con síndrome quiz, ve en la interacción humana un importante medio de conocimiento, que va más allá de la información, ve en este tipo de aprendizaje, una manera de entender como otros seres humanos conceptualizan los conocimientos y su mundo.

Hasta el día de hoy, no he podido encontrar *"círculos de amigos quiz"*, por lo que referir que este sería el "estado perfecto" podría ser peligroso; lo que en cambio sí existe, son las decenas de círculos de "amigos" que en muchas ocasiones el quiz trata de encontrar, basado en sus preferencias más arraigadas y carácter específico. Los resultados por lo general son mixtos; desde una constante y tensa calma, pasando por una tolerancia mutua, hasta intentos constantes por parte del grupo en convertir al quiz en "uno de los nuestros".

Es de esta manera que las personas con síndrome quiz, pueden pasar muchos años o toda su vida cambiando de grupo en grupo de amigos y a veces hasta de familiares en familiares; las personas quiz de cierta manera viven para aprender y se alimentan de todo el conocimiento que pueden encontrar en su camino, esa es la realidad por la cual en cuanto ellos empiezan a sentir la monotonía y la falta de estímulo, es muy probable que el quiz termine con todo y vuelva a comenzar desde cero en otro grupo que pueda ofrecerle una enriquecedora experiencia, y donde él pueda ofrecer igualmente una interacción estimulante, por lo menos hasta que la "locura" quiz sea demasiado avasallante para el grupo y que este prefiera tomar un camino más "ligero" y sin sentido, un clásico grupo de "reventón" y "desmadre", y lo cual compartirá el quiz... Durante los siguientes 2 o 3 meses antes de que el hastío lo invada y prefiera marcharse.

En lo referente a la familia, la persona con síndrome quiz, siempre buscara los mejores puntos para poder interactuar con sus miembros, tratando de entender y crear las situaciones estimulantes adecuadas para cada uno de ellos; tratará de cuestionar, motivar a la investigación y desarrollar las más diversas disertaciones para evitar a toda costa la monotonía que se muchas veces se presenta con seres humanos que uno ha visto durante años y años; este mismo reto es el que encontraran las personas quiz con sus relaciones íntimas y románticas (lo cual veremos a continuación).

No puedo evitar pensar que para una persona quiz, "debería" ser un tipo de obligación el despertar en cierto grado el hambre y la necesidad de saber a los miembros más cercanos a él; sin embargo factores tan distintos como la edad (la cual absurda y polémicamente se traduce como "experiencia", y que extrañamente se "transforma" en conocimiento o sabiduría), descalificaciones, pequeñas envidias, comparativas con otros miembros de la familia, etc. Esto deja a la persona quiz en la misma situación que con los grupos de amigos; sin ningún deseo de seguir interactuando con ellos.

Si existe alguna cualidad en las personas con síndrome quiz, esto debe ser la objetividad; es por esa razón que si yo dijera que la relación con los quiz es fácil, estaría cayendo en la más grande de las mentiras. Los quiz creen que cosas tales como el conocimiento, la honestidad, el respeto, la curiosidad, la alegría, el desinterés, etc., son fundamentales para lo que ellos pueden llamar amistad o para crear relaciones duraderas; el quebrantamiento de uno de estos conceptos, hará que la persona quiz dimita de continuar con esos vínculos de forma inmediata, la flexibilidad en torno a este tipo de parámetros es muy poca y casi imposible de negociar.

28

Tal vez la relaciones más complicadas para las personas con síndrome quiz, sean las relacionadas al ámbito de la pareja; si bien todos los quiz son diferentes, es muy posible que se guíen por condiciones muy similares a la hora de relacionarse sentimentalmente.

Para la persona quiz, el concepto de pareja es... Justamente eso, una **PAREJA**, alguien que a la par pueda, sin la necesidad de ser un persona quiz, crear una relación de interacciones constantes, aprendizaje mutuo y siempre novedades. Es poco probable que una pareja en donde se encuentre un quiz y que no ofrezca este tipo de dinamismo se mantenga unida por mucho tiempo. La monotonía y el conformismo que con el tiempo invade a muchas parejas, es para el quiz un camino sin salidas.

Para el quiz es sumamente importante que su pareja siempre este buscando nuevos conocimientos y experiencias tanto para sí misma como para compartir, lo que en caso de desarrollarse de buena manera, llevará a este tipo de parejas a crear vínculos importantes y experiencias únicas. La pareja de una persona quiz, puede estar segura que siempre será apoyada y motivada a evolucionar, esto (si lo quieren ver así) por el deseo egoísta del quiz de tener al lado una persona que lo motive, lo "rete" y con quien pueda compartir todas sus "locuras".

Es de esta manera que empezar o intentar mantener una relación con una persona con síndrome quiz, tal vez tenga una posibilidad 50/50. Definitivamente los puntos favorables son: la gran atención puesta hacia la pareja, el apoyo constante hacia un constante desarrollo y el impulso hacia experiencias nuevas; sin embargo, el no poder entender o seguir los procesamientos mentales del quiz, un conformismo y abandono del ser y la idea de que las cosas pasaran de ser novedosas a rutinarias por la costumbre, llevará la relación a un punto donde el aislamiento del quiz hacia su pareja será la regla, de la misma manera que con los demás tipos de relaciones humanas en las que se involucran las personas con síndrome quiz cuando estas no tienen nada más que ofrecer.

Por varios años, un pensamiento constante apareció cada vez que veía a las personas con síndrome quiz y sus relaciones humanas; una vez más las palabras "egoísmo", "soberbia", "vanidad" y "egolatría" eran las definiciones que mejor parecían encajar a esas actitudes. Fue hasta después de reflexionar demasiado el tema y analizarlo una y otra vez que entendí la esencia real del asunto.

Primeramente, era necesario entender que una persona con síndrome quiz **NO** es un Santo o algo parecido, ni mucho menos; no es un prodigio de la naturaleza ni un ser superior; tal vez puede ser "extraordinario" por la definición misma de la palabra (*fuera de lo común, de lo ordinario*), y en algunos casos "sabio" también por su definición más literal. Ese, en definitiva, es el principal error que la gente comete cuando interactúa con las personas con síndrome quiz, confundir conceptos y creer que algunas cualidades van relacionadas con otras, como el hecho de pensar que el conocimiento tiene que venir ligado a una bondad o una falsa humildad.

Hasta el día de hoy, las personas quiz siguen siendo humanos con todo lo que esto conlleva; emociones, sentimientos, deseos, enfermedades, dolencias, etc. Los peculiares procesos mentales, conocimientos y necesidades de saber más no "anulan" de ninguna manera esta humanidad.

Ciertamente con el conocimiento viene la mejor comprensión de algunos conceptos como el respeto, la tolerancia o la comprensión, pero no es, ni será una regla.

Durante demasiado tiempo el concepto de "soberbia" (*altivez, envanecimiento, suntuosidad*) ha sido muy mal utilizado y referido a actitudes que nada tienen que ver con esa palabra; el simple hecho de pensar que una persona quiz deba "vivir con la cabeza agachada", fingir una "falsa modestia" o una mal interpretada "modestia" (*sumisión, rendimiento*), es casi un insulto para una persona con síndrome quiz, que solamente busca transmitir sus conocimientos aprendidos (con mucho esfuerzo) y adquirir más, ya sea de otras personas o de sus investigaciones. El expresar con naturalidad este cúmulo de información, pareciera que al mundo le resulta insultante y molesto, pero... ¿Saben qué? A la persona con síndrome quiz no le importa y lo seguirá haciendo, si ustedes desean seguir mostrando un estrechamiento y una pequeñez mental y emocional... ¡Adelante!

VANIDAD (*hueco, inútil, falto de realidad, arrogante*). Nuevamente un término mal empleado que le encanta usar a la gente; una persona con síndrome quiz, siempre buscará la información que pueda resultar útil en el momento y obviamente que resulte cierta; de no hacerlo, el quiz sabe que el escarnio será inmisericorde. La realidad y la verdad es el único camino para un quiz y la razón no es ni "altruista" ni de nobleza; la persona con síndrome quiz tiene una aversión completa a las personas que viven esparciendo información falsa o dudosa, podría decirse que "odia" a los imbéciles que solamente hablan por decir algo o llamar la atención con sus comentarios (como millones cada día en el mar de "sabiduría" que son las redes sociales). De esta manera, si los quiz hicieran lo mismo, sería como odiarse a sí mismos o como dice la frase *"darse un disparo en el pie"*.

Por último sobre la **EGOLATRÍA** (*"amor excesivo por uno mismo"*), resulta casi irrisorio este término para una persona con síndrome quiz, el cual vive inmerso en una búsqueda de conocimiento interminable y a sabiendas que este nunca se acabará, solamente puede dar lo máximo para acercarse a una nada microscópica de ese "conocimiento absoluto". ¿Dónde puede existir egolatría en una persona que busca en los demás una fuente más de conocimiento?

La persona quiz entiende el esfuerzo que realiza diariamente por los conocimientos aprendidos, y con justicia, en algunas ocasiones se siente satisfecho de ello, obviamente la palabraególatra sale sobrando. Algo que dista mucho de aquellos que sin demasiados méritos son idolatrados por salir en los canales de videos por Internet, en la televisión o que han "hecho lo necesario" para ser reconocidos, y que cualquier estupidez se les aplaude y hasta causa "gracia".

Capítulo 5

El Quiz y su Proceso de Pensamientos

Igualmente que con su carácter y otros aspectos de su personalidad, la forma en que las personas con síndrome quiz conceptualizan el conocimiento puede ser sumamente variadas y diferentes de quiz a quiz; sin embargo, por la forma en que he visto como la mayoría de ellos se expresa, creo que todos tenemos procesos similares de alguna manera.

A continuación, crearé algunos ejemplos de cómo los quiz desarrollamos algunos procesos de pensamiento en búsqueda de los conocimientos que nos "alimentan"; esto será en definitiva y concluyentemente la forma en que ustedes entiendan de una vez si son parte de las personas con síndrome quiz o no, y será un punto medular para que se puedan crear las herramientas necesarias para identificarlos.

Primeramente pondré el ejemplo de un restaurante; la primera variable a manejar será el de saber qué tipo de restaurante es: uno de cocina "normal", tradicional del país o de comida internacional. Con este simple punto, la persona con síndrome quiz comenzará a cuestionarse (si tiene conocimiento previo), el tipo de platillos que se encontrará, si serán tradicionales o de *"Avant-garde"* (de vanguardia, de "avanzada"); en caso contrario estará listo para aprender, investigar y "absorber" toda la información que próximamente aprenderá.

En cuanto entre al restaurante, la persona quiz escudriñara cada rincón del lugar, buscando (en caso de estar familiarizado con el tipo de cultura

33

relacionado a la comida), si el espacio corresponde con el tipo de comida o no; en el caso contrario, el quiz tratará de recordar cada detalle para compararlo con la investigación que hará más tarde.

En cuanto interactué con el personal del mismo, buscará saber si estos pueden ser fuente de información útil para aumentar sus conocimientos o aprender de ellos.

Algo que muchos pueden malinterpretar es lo siguiente; en cuanto la persona quiz reciba el menú, es muy probable que este escudriñe todos los precios, y la razón no será la de seleccionar los platos más económicos o ver a futuro cuanto tendrá que gastar, la razón es mucho más profunda. Primeramente verá los platillos más pequeños y entradas, esto le dará una idea general de los tabuladores que este restaurante en específico usa para determinar sus precios y si estos están sobrepreciados o no (esto solamente funcionará si el quiz tiene conocimiento previo del tipo de comida e ingredientes, de lo contrario, será una información que utilizará más adelante).

Seguidamente, en caso de no conocer el tipo de comida, buscará obtener la información de esta y añadirla a su lista de conocimientos "temporales" (que después volverá a investigar y corroborar); en caso contrario, buscará información relevante o "fresca" que puedan agregar a su conocimiento ya aprendido.

La parte de la degustación es un tema completamente personal y único para cada quiz, y el único punto de convergencia que puede existir es el de que los sabores y presentaciones sean bien elaborados.

34

A partir del conocimiento de los ingredientes, calidad de los mismos, tamaño de las porciones, presentación, sabor y servicio, el quiz traerá a su mente el conocimiento previo de los precios, dándole finalmente un verdadero parámetro de que tipo de restaurante es.

A todo este tipo de análisis y consideraciones hechas por la persona con síndrome quiz, es necesario añadir decenas más que no he desglosado en este momento pero que siempre están en su mente como: si cuenta con estacionamiento o "valet parking", tipo de sanitario, distribución y limpieza, el tipo de gente y cantidad (si están relacionados con el origen de la comida o no, esto dará buena información sobre lo "auténtico" de los sabores), si cuenta con música o no (en este punto, el quiz puede plantearse aún más cuestionamientos). Si hay música, esto puede abrir una *"caja de Pandora"*; desde hechos tan simples como: si es música grabada, la calidad de la grabación, volumen, distribución de las bocinas y hasta cableado, marca y calidad de las mismas, etc.; si es música viva, si son músicos del país de origen, calidad y afinación de los instrumentos, ejecución y virtuosismo, etc. Hasta cosas más complejas como, si es "tradicional" o moderna, si muestra el tipo de influencia cultural, si es conocida o no, si los instrumentos son representativos o no (también si son conocidos o es necesario investigarlos), entre muchísimos más detalles que pueden cruzar por la mente de la persona con síndrome quiz.

Como se puede observar, la mente y los procesos mentales de una persona con síndrome quiz pueden parecer: complejos, maniáticos, erráticos, obsesivos y sin un propósito, pero así es su (nuestra) mente. No se puede detener, no puede descansar, no puede dejar de cuestionar, investigar y corroborar, no puede dejar de "pensar".

Por último, quise hacer un ejercicio de como una persona con síndrome quiz conceptualiza una situación específica desde su mente a modo de diálogo interno; creo es la mejor forma de mostrar como algunos quiz vemos la vida diaria sumado a la sociedad y relaciones que nos rodean. Faltarán tal vez decenas de detalles, ya que este proceso está determinado por la circunstancia específica, y con una situación simulada, los detalles mínimos no los he podido contemplar a totalidad.

La situación que elegí fue la de mirar una película en formato "Blu-Ray"; algunas consideraciones que simplemente me surgieron al momento de escoger esta situación fueron el pensar en cosas tales como: el futuro de la tecnología 4K, el precio de los reproductores de BR 4K en 2018 ¿por fin serán convenientes? Esta película ¿valdrá la pena adquirirla en 4K? Por el año de salida, creo el "transfer" a 4K no será una gran adición. El próximo año, todas las televisiones serán 4K con HDR, por lo que empezarán a rematar las de primera generación... Etc., etc. ¡BIENVENIDOS A UNA MENTE QUIZ!

Pensé después de esto, terminar con este ejercicio, pero rápidamente me di cuenta de que quedaría incompleto sino expusiera otra "pequeña" divagación. Sin embargo, después de leerla entenderán porque no pude concluir **TODO** el ejercicio.

Tomando solamente algunos detalles generales de la película *"Apocalypse Now"*, verán a donde puede "viajar" la mente de una persona con síndrome quiz (de antemano es necesario mencionar que tal vez para algunos, existan *"spoilers"*).

"-No, es que, Apocalypse Now, no solamente es una obra maestra de las películas de guerra, es del cine en general, y es que cambio la forma de narrar una historia; es que es increíble cómo así, "franco" y "directo" como dirige "Francis Ford Coppola" le quedo algo tan extraordinario y a otros... ¡Ni queriendo! Es igualito a como dirige "Sofia". Y me acuerdo cuando salió en *"El Padrino III"*, ni pensé que podía dirigir, yo creo que fue desde *El Padrino* que Coppola pensó en usar a "Marlon Brando" para la de "Apocalipsis". Y es que la verdad Marlon Brando es de los mejor actores que he visto; esa actuación en la de *"Un Tranvía Llamado Deseo"* es "brutal", es ¡Increíble! Me acuerdo en *"Los Simpsons"* la parodia que hacen de la película les quedó muy bien, que risa. ¡Uuuyyy! Y es que también hacen un buen de referencias en varios capítulos a la de Apocalypse Now, es bien impresionante como se metió esa película en todo. Como la de de *"Kong: La Isla Calavera"*, esa es una oda a la de Apocalypse Now, por lo menos todo el principio es una copia; ya vamos a ver que tal les queda la de *"Godzilla: King of the Monsters"* y como meten a Kong para la otra. Me pregunto... ¿Qué parte de la película será la que vinieron a filmar aquí?"... Etc., etc. ¡BIENVENIDOS A UNA MENTE QUIZ!

Como ya se abran dado cuenta con lo anterior, es casi imposible haber hecho un ejemplo más elaborado de una de las formas en que las personas quiz elaboramos pensamientos y buscamos el conocimiento. Con solamente 3 o 4 datos, la mente de una persona con síndrome quiz puede "desdoblar" cientos de ideas y ligarlas hasta niveles "extremos". Esa es la realidad con la que vivimos a diario; nuestra mente no puede dejar de pensar y elaborar, de querer saber más y más, de tratar de entender, de saber que el tiempo de un día nunca alcanza; eso sumado a los entornos sociales y económicos "normales" crean a la persona quiz que tanto critican muchas veces.

Capítulo 6

Finalmente

Quisiera pensar que finalmente esto ha llegado a su fin, pero mientras escribo estas líneas, más y más dudas y pensamientos se acumulan en mi mente y sé que en la de otras personas con síndrome quiz también.

Quiero pensar que este libro servirá en todo tipo de formas posibles y eso, solamente el tiempo lo dirá.

Sé que a partir de ahora, la gente empezará a preguntarse si en verdad existen personas como yo las he denominado "QUIZ"; sé que para muchos la palabra "LOCO", es más apropiada a lo antes expuestos; lamentablemente para ellos, puedo decirles que hasta este momento no creo encajar en esa categoría; no oigo voces, no creo en enemigos invisibles, no tengo alucinaciones, no creo ser un Dios, un ser omnipotente, ni mucho menos. No tengo "revelaciones" divinas; no tengo síndrome de persecución, no tengo ninguna clase de TOC (trastorno obsesivo-compulsivo). No tengo ninguna clase de autismo, dislexia o dislalia. No soy "demasiado" antisocial y definitivamente no soy un ermitaño. No golpeo ni mato animales (como muchos "enfermos" que lo presumen en las redes sociales); no tengo pensamientos suicidas ni cuadros depresivos (como muchísimas personas en la actualidad), etc. Pueden seguir buscando y tal vez encuentren algo en lo que si pueda encajar.

La único cierto es que, desde hace muchos años, busqué algo que definiera mis características y mi forma de ser; al principio solamente de mí, después de gente que encontré en el camino y hasta algunos que existen expuestos en los medios masivos, aunque sin una identificación clara. Estamos aquí, somos reales y existimos; yo lo he bautizado como "Síndrome Quiz", porque es lo que somos, un test viviente de conocimientos que no puede parar, que en alguna ocasión quisiéramos, pero no se puede. Que hasta ahora no ha sido catalogado, pero que no dudo que tan rápido como se esparce un rumor en *twitter*, alguien diga que ya lo había pensado.

Somos las personas que malamente muchos llaman; vanidosos, elitistas, ególatras, soberbios, prepotentes y antisociales; no entienden que podemos "acompañar" pero no ser parte de una "borregada" masiva. Nosotros preferimos cuestionar todo a solamente asentar con la cabeza. No buscamos saber para complacer a alguien o llenar el requerimiento de una escuela o un trabajo; no podemos dejar de buscar ese conocimiento solamente porque ya no exista una exigencia del mismo.

Por suerte, la indiferencia no nos pesa y tratamos de ser una parte "normal" de la sociedad, pero de cierta manera rechazamos rotundamente el convertirnos en otro ser gris (pero eso sí, bien aceptado) de la misma.

Estamos aquí e interactuamos con todos, los saludamos y convivimos juntos; es tal vez a partir de que este libro sea conocido, que las personas con síndrome quiz empiecen a salir y multiplicarse, y entonces será cuando esa convivencia y esos saludos se vuelvan "raros" e incómodos.

Yo espero que todo sea para mejorar, que por fin las personas quiz dejen de ser llamadas de formas incorrectas y no se les considere intratables, y que de forma natural entiendan que así somos, que no es una postura, una "grosería" o un desprecio hacia las personas que no son quiz, es simplemente que necesitamos cosas diferentes al del resto de las personas y que tenemos que buscarlas en donde se encuentren.

Ahora, ya solamente me queda decirles algo a todas las personas con síndrome quiz que aparezcan. *"Amigos "quiz", espero encontrarlos en el camino".*

www.ingramcontent.com/pod-product-compliance
Lightning Source LLC
Chambersburg PA
CBHW071144280526
45787CB00003B/1406